AF337482

NOTICE GÉNÉALOGIQUE

SUR LA BRANCHE DE LA MAISON

CONSTANT DE REBECQUE

CONNUE SOUS LE NOM DE

SEYMOUR DE CONSTANT

NOTICE GÉNÉALOGIQUE

CONSTANT DE REBECQUE

SEYMOUR DE CONSTANT

REBECQUE : Terre et seigneurie située entre Thérouanne et Aire, avec château ; qui a été possédée pendant plusieurs siècles par la Maison de CONSTANT, comme fief indépendant et franc-aleu, qui donnait à ses sires ou seigneurs, rang parmi les premiers nobles de la province d'Artois.

JEAN CONSTANT, Seigneur de Rebecque et de Clarcque, en fut dépossédé en 1466, ayant eu avec David, évêque de Thérouanne, bâtard de Philippe-le-Bon, duc de Bourgogne, et avec l'abbé de Saint-Augustin, de grands démêlés, auxquels il succomba. C'est dans ce temps que le château de Rebecque fut entièrement détruit, et que la terre et seigneurie de Rebecque, qui ne relevait de personne, fut unie à la prévôté d'Aire. Une partie de ce beau domaine passa à l'abbaye de Saint-Augustin, et une autre dans la Maison de *Thiennes*, qui devint ensuite successivement la propriété des comtes de Rœux-Croy, de Madame la marquise de Leyden, et en dernier lieu du marquis de Raigecourt ; et ses lambeaux furent enfin vendus en détail, à la criée, comme *bien patrimonial*, le 3 avril 1845.

La Famille de Constant, après ses désastres, s'était retirée dans les villes d'Aire et de Thérouanne, où elle possédait encore la baronnie de Clarcque et d'Inguinogate. Elle obtint, en 1472, de *Charles*, duc de Bourgogne, de porter les armes et le nom de REBECQUE, par concession faite à un chevalier de la Toison d'or de cette Maison, dit *Messire de la Couture*. D'autres du nom de Constant avaient été s'établir en Poitou dès l'an 1467.

Il est difficile de décider si la Maison de *Rebecque* de la ville d'Aire en Artois, tire son origine de celle de *Lens*, ou si celle-ci en est une branche. Leur ancienneté se perd dans l'obscurité des premiers temps du gouvernement féodal. Mais il est certain que la Maison Constant de Rebecque a une origine commune avec celle de *Lens* (1). Les premiers connus sont :

Ott et Hugues de Rebecque, qui suivirent, en 1096, les princes et les chevaliers au voyage de la Terre sainte. Ils y donnèrent des preuves si éclatantes de valeur, que *Hugues de Rebecque* (selon les annales flamandes de Van Meyden, folio 66, et la plupart des écrivains anciens et modernes), fut fait prince du château de Saint-Abraham, pour être entré le premier dans ses murs (2). Il est nommé avec les seigneurs et gentilshommes des Pays-Bas, savoir : *Foulques*, comte de *Guines*, auquel fut donné la ville Baratte ; *Hugues de Saint-Omer*, qui eut celle de Tibériade, et *Robert de Batamine*, qui eut celle de Cesaréo. *Jacques Mayer, Jacques Marchand*, le chanoine *Petit* et *Aubert Mery*, historiens flamands, font plusieurs fois mention de Ott et de Hugues de Rebecque ; et même un ancien auteur dit que cette Maison a conservé ses titres et ses armes dans ses puînés. Le testament d'Ott de Rebecque, déposé à l'abbaye de Saint-Augustin, près d'Aire, et écrit de la main de *Hugues*, évêque de Thérouanne, où est signé, noble Constant de Rebecque, est une preuve de l'éminence de son rang.

Le scel de cette Maison était l'homme à cheval, armé, caparaçonné, portant l'écusson à ses armes : marque de haute noblesse de chevalerie.

I. Hugues, seigneur de Rebecque, prince du château de Saint-Abraham, vivait en 1096. Il fut vaillant homme de guerre, se distingua par son courage pendant la croisade en Terre sainte. Il avait épousé *Alix de Lens*, dont vint :

II. Mainfroy, seigneur de Rebecque, *châtelain de Lens*. Il fut fait chevalier au siége de Damas, et se maria, en 1147, avec *Hélène de Richemont*, de la Maison des ducs de Bretagne. Il eut de cette union :

III. Arnould, sire de Rebecque, créé ou qualifié *baron*, en 1213, suivant les annales de Flandre, pour les services qu'il rendit à *Ferrand*, comte de Flandre, dans les différentes guerres qu'il eut à soutenir. De son mariage avec *Dorothée de Lannoy*, vint :

IV. Ott Constant, chevalier, seigneur de Rebecque, fut tenu sur les

---

(1) « Quant aux châtelains, que les français nomment *vicomtes* et les flamands *borchgraven*..., ceux de *Lens* sortaient des Maisons de *Rebecque*, de *Blandec* et de *Recourt*... » (Le Carpentier, *Histoire du Cambrésis*, vol. 2, p. 231.)

(2) L'abbé Lefebure, dans son *Histoire de Calais*, cite Hugues de Rebecque parmi les croisés les plus remarquables du diocèse de Thérouanne (vol. 1, p. 547.)

fonds de baptême, en 1197, par Beaudoin, comte de Flandre, dit de *Constantinople*. Il fut le premier qui joignit le nom de *Constant,* reçu de ce prince, à celui de *Rebecque,* ainsi qu'il s'est perpétué dans sa Maison. Il fut inhumé, en 1259, dans la nef de l'église de Rebecque, devant l'autel. Sur la pierre sépulcrale, il est représenté armé de toutes pièces, avec sa cotte d'armes, sur laquelle est une *aigle éployée,* et à son côté gauche est représentée *Dame Isabelle de Croy,* sa femme, qui a sous son bras droit un écusson à ses armes, sur la bordure duquel est écrit : *Chi gist Constant, sire de Rebecque.*

V. HUGUES CONSTANT, deuxième du nom, leur fils, *sire de Rebecque,* épousa *Jeanne de la Couture,* et en eut :

VI. OTT CONSTANT, SIRE DE REBECQUE, deuxième du nom, marié à *Agnès d'Aspremont de Thiennes,* en eut :

VII. MATHIEU DE REBECQUE, mort avant son père, ayant été tué à la bataille sous Cassel, donnée en 1328; ce qui est constaté par l'obituaire de l'église collégiale de Saint-Pierre d'Aire, où on lit, qu'au troisième octobre, *Mathieu de Rebecque dedit quindecim salidos.* Il avait épousé *Isabelle de Rely, dame de Clarcque,* dont trois fils et une fille : l'aîné, *Jean,* qui suit; le second, *Seigneur de la Couture;* et le troisième, *Seigneur de Prouville,* tous deux du nom de *Constant;* comme leur frère aîné. *Catherine,* leur sœur, épousa *Hugues d'Ailly, Seigneur de Rumes,* fils puîné de Robert d'Ailly-Haut-Clocher, seigneur de Boubers et de Fontaine (1).

VIII. JEAN CONSTANT, DE REBECQUE, fut capitaine de la ville d'Aire, après le décès d'*Ott,* son aïeul, en 1354. Fait prisonnier par les Anglais à la bataille de Poitiers, il n'obtint sa liberté que plusieurs années après, contre une assez forte rançon, que sa mère lui envoya, ce qui se voit par l'acte de vente suivant : « Jou demiselle de Rely, femme jadis Mahieu Constant de Rebecque, chevalier, fait scavoir qu'en le presence des francs hommes de messire Enguerrant de Bournel, sire de Thiembrone scavoir Mahieu Lengois, Pierre Huré et Rasse Casin, je vends et cede de par necessité et pour subvenir à la ranchon de Jehan Constant men fieu, prins en la guerre, le dict Jehan aussi fieu au dict Mahieu, tout ce que je avais en le terres et maison en la ville de Thiembrone, à messire Wautier de Lens, frère au dit Jehan à cause de demiselle Leonore, femme au dict Jehan men fieu, moyennant quinze chens livres fors tournois que le dict Wautier me baillera

---

(1) *Antiquités d'Amiens,* édition in-folio, par Lamorlière.—Le Carpentier.—M. de Barente, dans son *Histoire des Ducs de Bourgogne,* cite un autre Mathieu de Rebecque, fait chevalier en même temps que le sire de Ligne et plusieurs autres seigneurs, la veille de la bataille de Gavre, en l'an 1455.

en une seule et deraine fois, à la tour de Thiembrone, l'an mil trois chens soixante quatre, le troisième jour du mois de janvier. » Suivent les signatures et un sceau brisé représentant la moitié d'une aigle (1). De *Léonore de Lens*, sa femme, il eut :

IX. ROBERT CONSTANT, SEIGNEUR DE REBECQUE, qu'on trouve avoir assisté, en 1406, à la réception de Mathieu, évêque de Thérouanne, fit la guerre contre les Sarrasins, et assista, entre autres, à un combat naval au royaume de Chypre, à la suite duquel il fut fait chevalier, ainsi que plusieurs autres de ses frères d'armes (2). Robert avait épousé *Antoinette de Licques,* dont vint :

X. ANTOINE CONSTANT, SEIGNEUR DE REBECQUE ET DE CLARCQUE, né en 1390, eut pour femme *Catherine de Thiennes, Dame de Crecque,* qui le fit père de :

XI. JEAN CONSTANT, deuxième du nom, SEIGNEUR DE REBECQUE ET DE CLARCQUE, né en 1430, est celui qui eut les démêlés, en 1466, avec l'évêque de Thérouanne, dont nous avons parlé plus haut. Accusé d'hérésie et de félonie, après la destruction de son château, il se réfugia en Angleterre. Ce ne fut qu'après la mort de Philippe que le duc Charles de Bourgogne, dit *le Téméraire,* le réhabilita dans tous les droits et priviléges de sa naissance ; mais la terre de Rebecque ne lui fut pas rendue. Il avait pour devise : *in arduis Constans.* Il avait épousé, en 1455, *Jacqueline de Béthune,* dont il eut :

XII. AUGUSTIN CONSTANT, *baron de Clarcque,* marié en 1494, avec *Béatrix de Sempy,* d'une illustre maison de Boulonnais, qui a fourni plusieurs grands hommes. Elle est éteinte depuis longtemps. De ce mariage vint :

XIII. ANTOINE CONSTANT, deuxième du nom, dit *de Rebecque,* gentilhomme de l'empereur Charles-Quint, qualifié *baron* par ce prince, capitaine des archers de ses ordonnances. Il s'embarqua avec cet empereur pour l'Espagne, en 1517, le suivit dans toutes ses guerres et expéditions, notamment à celles de Tunis et d'Alger, et fut tué à la bataille de Mulberg, en 1548. De sa femme *Jeanne Broyard,* fille du noble Jean Broyard, seigneur d'Anezin (3),

---

(1) Cet acte de vente est sur un parchemin de cinq pouces de haut sur un pied de large. Il se trouve dans les archives de la Maison Constant de Rebecque.

(2) *Monstrelet,* vol. 2, p. 31.

(3) Luc Broyard, son père, était fils de Pierre Broyard et de Henriette de Nassau, fille de Jean, comte de Nassau-Dillembourg.

Les Broyard descendent de Goton Broyard, surnommé *le Danois,* comte de Gueudin, en Hongrie, sieur de Mazeneck, et de Ermengarde, fille du comte Mainfroy de Strigone et de Lulgarde, sa femme. *Servatius,* en son histoire, à la page 199, dit cette Maison issue des comtes de Gueudin et de Habsbourg. Goton Broyard fut inhumé à Presbourg, l'an 1269.

L'empereur Charles-Quint, fit chevalier Lucas Broyard et les maris de ses filles, *in infinitum,* par lettres-patentes données à Bruxelles, le 24 septembre 1540. Cette Maison portait : *de sable à la croix d'argent.* (*La Roque,* chap. 107.—Le Carpentier, *Histoire du Cambrésis,* vol. 2, p. 1086.)

d'une illustre maison du Cambrésis, il laissa : 1° AUGUSTIN DE REBECQUE dit CONSTANT, chef des branches de sa Maison, habitué en Suisse et en Hollande, se dévoua au service du roi Henri IV, qu'il suivit dans toutes ses expéditions, comme gentilhomme de sa chambre et comme capitaine de ses gardes. Il lui sauva la vie à la bataille de Coutras (1). 2° JEAN-CHARLES DE REBECQUE, chef d'escadre en Zélande. 3° PIERRE DE REBECQUE dit CONSTANT, qui suit. 4° HENRI CONSTANT DE REBECQUE, chevalier, vice-roi de l'île d'Ormus dans le même temps. 5° Et une fille, CATHERINE, morte jeune. Tous ces enfants se dispersèrent pour fuir les ravages qui désolaient leur patrie : et leur mère, Jeanne Broyard, se retira dans l'abbaye des Dames nobles de Prémy, à Cambray, dont les ancêtres de son mari avaient été les bienfaiteurs, fit diverses fondations pieuses, entre autres des obits qui se célébraient encore avant la révolution de 1791, sous son nom dans l'église de Rebecque, où se disait aussi l'obit de Béatrix de Sempy, leur aïeule maternelle, et celui de CATHERINE CONSTANT, ci-dessus mentionnée.

XIV. PIERRE DE REBECQUE dit CONSTANT, et son frère *Jean-Charles*, se réfugièrent en Hollande, sous la protection de la Maison de Nassau, à laquelle ils étaient alliés par leur mère; où on les retrouve tous deux chefs d'escadre en Zélande. *Pierre* qui commandait en 1560 le vaisseau *la Princesse*, est cité dans le livre intitulé: *Hommes héroïques de Zélande*, pour sa rare intrépidité et ses étonnants succès dans plusieurs combats contre des forces de beaucoup supérieures aux siennes. Il avait un homonyme dans son petit-fils, qu'on confond souvent avec lui, qui commandait, en 1676, le vaisseau *la Province de Zélande*, de 44 canons, à la défense de Tabago (île des Antilles) contre les Français. Dans ce combat naval, Pierre Constant, qui se trouvait à l'aile droite de la flotte hollandaise, à côté de l'amiral Bincks, essuya tout le feu, meurtrier et soutenu, du comte d'Estrées. Les Hollandais y répondirent avec tant d'impétuosité, que les deux plus grands vaisseaux français furent démâtés et devinrent la proie des flammes. Celui que montait le comte d'Estrées, foudroyé par les canons de 24 de Bincks et de Constant, sauta après une défense héroïque de l'amiral français, qui échappa miraculeusement à cet épouvantable désastre, grièvement blessé à la tête. Tabago resta aux Hollandais, mais sa conservation leur coûta cher, car de 13 vaisseaux qu'ils avaient en commençant l'action, il ne leur en resta que 3; parmi lesquels *la Province de Zélande*, fortement avarié (2). Le chef d'escadre,

____

(1) *Histoire de Henri IV,* par M. de Bury.—Le père Daniel.—D'Aubigné, etc., etc.

(2) *Vie et faits du prince Frédéric de Nassau,* 2ᵉ partie, p. 88.—*Vie et faits des Héros de mer,* p. 415, et l'almanach hollandais, de 1853, intitulé : *les Forces de terre et de mer.* Le comte d'Estrées étant revenu l'année suivante attaquer Tabago, une de ses bombes

Pierre de Rebecque dit Constant, qui commandait le vaisseau *la Princesse*, qu'il n'avait jamais voulu changer contre un autre navire, et sur lequel il finit sa glorieuse carrière en combattant les Espagnols, avait pris pour deuxième devise: *Constant qui ne change.* Il s'était marié vers 1582, avec *Jeanne de Résimont*, petite fille de *Barthélémi de Résimont* et de *Jenne de Glain*, qui avait été deux fois élu bourgmestre de la ville de Liége, dignité briguée, à cette époque, par les plus illustres Maisons de ce pays. De ce mariage vint :

XV. Laurens-Simon Constant de Rebecque, aide-de-camp du prince d'Orange, qui se maria, le 2 septembre 1631, avec *Marie d'Asiste Van der Stael*, d'une ancienne famille du pays de Liége, dont il eut : *Jacques*, qui suit, et *Pierre de Rebecque* dit *Constant*, commandant le vaisseau *la Province de Zélande*, dont il est parlé plus haut.

XVI. Jacques Constant de Rebecque, se maria en premières noces, le 2 août 1671, avec *Marie Van der Hecke*, dont il n'eut pas d'enfants, et en secondes noces, le 25 décembre 1682, avec *Anne de Blauwestein*, d'une ancienne Maison de la Zélande (1). Dont un fils :

XVII. Constantin Constant de Rebecque, né le 24 septembre 1684, et marié le. . . . . . avec *Anne Verbyl*. Il mourut à Tournai, ce qui se voit par l'extrait mortuaire suivant, délivré par le curé de Notre-Dame, et certifié par les autorités de cette ville, avec sceau : *Die octavo juinie, anni milessime septemgentesimé tragesime secundi, Obeit* Nobilis Domus, Constantinus Constant de Rebecque *ex Hollandia*, *sacrementis premutia et in cimeterio sepulta ita est concordat, originali quod testor,* etc., etc. De ce mariage vint :

XVIII. Laurens de Constant, né le 13 avril 1724. Sa grande fortune lui permit de prendre une part trop désintéressée pour le bien de sa Maison, à l'indépendance de l'Amérique, dont il fut un des plus fervents partisans. Comme le fit plus tard Benjamin Constant, ses opinions libérales lui firent aussi quitter le nom de *Rebecque*, que ses descendants ne portèrent plus. Quoiqu'il soit certain qu'il est leur plus ancien nom de famille, qu'ils ne prirent pas de la terre de *Rebecque*, mais que leurs ancêtres ont donné à cette seigneurie en la créant. De son mariage, contracté le 15 août 1745, avec *Hélène Van-Geele-Van-Spanbrock*, vint :

XIX. Jacques de Constant, deuxième du nom, né en 1749. Honoré de l'amitié

---

tomba sur une tour du fort, renfermant de la poudre, la fit sauter avec Bincks, *Constant* et plusieurs autres officiers qui se trouvaient à table avec eux. *Constant*, quoique grièvement blessé, revint en Zélande, où il vécut encore plusieurs années après cette catastrophe.

(1) Petite-fille de Jean de Blauwestein, chevalier grand-bailly du Kermerlandt, en l'an 1358. (*Chronique de Hollande*, par Jean-François le Petit, p. 290 et 298, édition in-folio.)

du duc de Brunswick, il le suivit dans la campagne de 1792, contre la France, comme aide-de-camp honoraire, et fut blessé à côté de ce prince au siége de Verdun. Habitant, non loin de Coblentz, le château de La Haye, dans la Gueldre-prussienne, sa demeure devint le refuge des émigrés français qui se trouvaient sans ressources. Le régent (depuis Louis XVIII), ou ses commissaires à l'armée des princes, MM. les comtes de Balainvilliers, de la Chapelle, et le maréchal de la Rosière, tirèrent si bien parti de son enthousiasme pour la cause des Bourbons, à la suite desquels il espérait rentrer avec honneur dans la patrie de ses ancêtres, qu'ils le décidèrent, par les plus brillantes promesses, à se charger des approvisionnements de cette armée, lui reconnaissant sans doute un crédit qu'ils avaient perdu dans le pays. Ils l'engagèrent en outre à lever un corps franc à ses frais, dont on lui donnait le commandement.

Toutes ces demandes ayant été mises en pleine activité, l'armée des princes fut tout à coup dissoute, et M. de Constant éprouva une banqueroute trop forte pour ne pas compromettre la fortune d'un particulier.

Entre autres lettres qu'il reçut au moment où il avait en main des traites pour une petite partie de ses débours que lui avait remises M. de Calonne, mais qui furent toutes protestées, on doit citer celle-ci : « A Monsieur le baron de Constant, au château de La Haye.—Augsbourg, ce 21 mars 1793.— Le sentiment d'estime que vous m'avez inspiré, Monsieur, doit vous avoir fait trouver toutes simples les marques du vif intérêt que j'ai pris à votre position. Recevez mon compliment de ce qu'elle s'est améliorée et de votre retour chez vous. Je voudrais, de tout mon cœur, être à portée de vous voir et de profiter des offres obligeantes que vous voulez bien me faire. Il est affreux que le zèle, on ne peut plus prononcé, que vous avez mis à servir notre cause, en procurant à l'armée des princes les munitions de guerre ou de bouche dont elle avait besoin, n'ait éprouvé nulle récompense, au contraire, que vous en soyez pour douze mille francs de déboursés. Vous avez vu, Monsieur, lorsque vous veniez à Coblentz, combien je souffrais des contradictions que vous éprouviez, au lieu de témoignages de satisfaction et de bons traitements dus à votre généreux dévouement; si on en avait profité d'après vos renseignements bien nettement exposés, nous ne serions pas partis, comme nous l'avons fait, dépourvus totalement d'artillerie et de munitions de guerre. Il vous sera, je crois, aisé, Monsieur, d'avoir un certificat de Monsieur le maréchal de Broglie, qui attestera cette vérité. Un officier général très-ordinaire, comme moi, ne peut le délivrer; mais si vous croyez que ma lettre puisse vous être de quelque utilité vis-à-vis S. A. Mgr le duc de Brunswick, auprès de qui je vous félicite d'être, vous pouvez la lui produire comme un témoignage de toute l'estime que votre conduite m'inspire!

« J'espère que notre correspondance s'étant renouée, vous ne vous tiendrez pas à la lettre que je viens de recevoir. Ne doutez pas, je vous prie, de tout le plaisir que vous me ferez de me donner souvent de vos nouvelles et de celles des mouvements de l'armée où vous vous trouverez. J'attends les ordres du régent pour le rejoindre.—Vous savez que le corps d'armée de M. le prince de Condé est conservé par l'Empereur.—J'ai l'honneur d'être, avec un bien sincère attachement, Monsieur, votre très-humble et très-obéissant serviteur.—Le comte DE CLARAC. — *P. S.* — Mes compliments à M. le comte de Surgeres, s'il est encore chez vous. »

JACQUES DE CONSTANT avait épousé *Catherine Seymour*, née à Clift-Hall, dans le comté de Wiltshire, en Angleterre, le 1er novembre 1758, fille du *révérend lord Francis Seymour*, doyen de Bath et Wells, frère du duc de Somerset (1); dont vint : 1° *Guillaume-Constantin Seymour*, qui suit ; 2° *Francis Seymour*, tué par accident à la chasse, le 24 janvier 1816, près de la ville de Xanten, dans le duché de Clèves, comme le dit un monument élevé à sa mémoire sur les lieux, par les soins de sa famille; 3° *Georgine-Marie Catherine*, mariée au *chevalier Barrelier*. lieutenant-colonel du 5e régiment de chasseurs à cheval; et 4° *Adolph-François-César Seymour*, tenu sur les fonds de baptême par *Adolph*, duc de Cambrige, prince royal d'Angleterre, capitaine dans un régiment de lanciers au service de la Prusse, retiré en 1817 dans sa terre de Belair, dans le Jura (2).

XX. GUILLAUME-CONSTANTIN SEYMOUR DE CONSTANT, né le 22 avril 1785,

---

(1) Jeanne Seymour, reine d'Angleterre, femme de Henri VIII, était de cette Maison. Son frère Edouard, baron Seymour, duc de Somerset, lord-chambellan d'Angleterre, protecteur du royaume durant la minorité de son neveu, Edouard VI, fils du roi et de Jeanne, succomba sous une puissante coalition, dont le duc de Northumberland, jaloux de son autorité, était le chef, et fut décapité dans la Tour « au milieu d'une foule de peuple qui l'aimait, » dit un historien du temps. Dès ce moment, la santé du jeune roi déclina. Il mourut en 1553, à l'âge de seize ans, regrettant son oncle, non sans soupçon de poison.

Catherine Seymour, femme de Jacques de Constant, descendait en ligne directe d'Edouard, duc de Somerset, vulgairement surnommé le *Grand Duc*. (*Genealogy of the existing British peerage* 1832.)

(2) Où il est marié avec *Marie-Constance de Martinet*, fille de *M.-C.-A.-H.-Hippolyte de Martinet*, et petite-fille de *Laurens de Martinet*, conseiller auditeur de la chambre des comptes, cour des aides et finances, à Dôle, comté de Bourgogne, et de *Jeanne-Désirée de Thimonet des Gaudières*, fille de messire *Charles-Guillaume de Thimonet*, chevalier, seigneur des Gaudières et de Domblans, brigadier des armées du roi, lieutenant-colonel du régiment des Laonnais, et de Dame *Elisabeth de Grain de St-Marceau*. De ce mariage vinrent : *Benjamin-Georges Seymour de Constant*, né le 14 octobre 1831 ; et *Emile-Ernest Seymour de Constant*, né le 16 septembre 1834.—Les lettres de naturalité de leur père, Adolphe-François-César, sont du 6 novembre 1829.

petit-neveu, par son père, d'un capitaine qui sauva la vie de son roi sur le champ de bataille, et petit-neveu, par sa mère, d'une reine d'Angleterre, fut tenu sur les fonds de baptême par son grand-oncle maternel, lord William Seymour, autre frère du duc de Somerset. A la Restauration, il vint habiter Abbeville, berceau de la famille de sa femme, où il obtint, le 23 avril 1817, par l'entremise du duc de Caylus, ami de sa famille, de grandes lettres de naturalisation, dont suit la teneur :

« Louis, par la grâce de Dieu, etc., etc, à tous présents et à venir, salut. Le sieur Guillaume-Constantin, baron de Seymour de Constant, né le 22 avril 1785, nous expose qu'il réside en France depuis vingt ans (le ci-devant département de la Roer), qu'il a épousé une française, que son plus vif désir est de consacrer le reste de ses jours à notre service et à celui d'une patrie qui est la seule qu'il connaisse aujourd'hui, qu'il nous supplie, en conséquence, de vouloir bien lui accorder des lettres de déclaration de naturalité.

« A ces causes, voulant traiter favorablement l'exposant, sur le rapport de notre garde-des-sceaux, ministre de la justice ; vu la déclaration faite par le pétitionnaire devant le maire du 1er arrondissement de notre bonne ville de Paris, le 4 février 1817, portant qu'il persiste dans la volonté de se fixer en France, vu les renseignements fournis sur son compte par le conseiller d'État, préfet du département de la Seine, desquels il résulte que l'exposant réside en France depuis que son pays a été réuni, qu'il a vendu des propriétés considérables qu'il y possédait, pour en racheter d'autres dans notre royaume, et qu'il mérite, sous tous les rapports, la faveur qu'il sollicite. De notre grâce spéciale, pleine puissance et autorité royale, avons dit et déclaré, voulons et nous plaît qu'il soit admis, comme nous l'admettons par ces présentes signées de notre main, qui seront publiées et insérées au Bulletin des Lois, à jouir des franchises, priviléges, droits civils et politiques dont jouissent nos vrais et originaires sujets; défendons, sous quelque prétexte que ce puisse être, de le troubler dans la jouissance d'iceux, tant qu'il résidera dans notre royaume. Mandons et ordonnons à nos cours et tribunaux, préfets, corps administratifs et autres, que ces présentes ils gardent et maintiennent fassent garder, observer et maintenir, et, pour les rendre plus notoires à tous nos sujets, les fassent publier et enregistrer toutes les fois qu'ils en seront requis, car tel est notre bon plaisir; et, afin que ce soit chose ferme et stable à toujours, nous y avons fait mettre notre scel. Donné au château des Tuileries, le vingt-troisième jour du mois d'avril de l'an de grâce mil huit cent dix-sept, de notre règne le vingt-deuxième, LOUIS. Par le roi (plus bas): Le garde-des-sceaux, secrétaire d'État au département de la justice, le comte DE PEYRONNFT. (Au repli): Vu au sceau: Le garde-des-sceaux, ministre secrétaire d'État au département de la justice, le comte DE PEYRONNET. »

A cette pièce sur parchemin est appendu, par des ganses en soie verte et amaranthe, un grand sceau en cire verte représentant l'effigie de Louis XVIII en costume royal, assis sur son trône; et au revers les armes de France et de Navarre.

Après avoir vainement renouvelé les démarches de son père, pour se faire rembourser ce qui lui était dû par le roi, M. de Constant, en attendant cette liquidation qu'on lui faisait toujours espérer, obtint une pension de 1,200 fr. sur la liste civile, qu'il toucha jusqu'à la révolution de 1830. Cette pension fut réduite de moitié au mois de janvier de la même année des soi-disant glorieuses, qui éclatèrent pendant qu'il réclamait contre cette injustice. N'étant pas naturalisée à l'époque de l'obtention de cette faveur royale, elle fut portée sur la tête de sa femme, en ces termes : « Le Roi, voulant récompenser les services de M. de Constant, a, par décision du...., accordé à Charlotte de Courteville d'Hodicq, dame de Constant, une pension viagère de douze cents francs, etc. »

Les évènements de juillet 1830, en faisant perdre cette pension à M. de Constant, lui ôtaient en même temps la certitude d'être nommé prochainement gentilhomme honoraire de la Chambre. Entre autres preuves que cet honneur lui était réservé, on peut citer ici une lettre du ministre de la maison du Roi.

« Paris, le 18 juin 1830.—Monsieur le baron,—Conformément à vos désirs que vous m'avez exprimés, je viens de faire inscrire votre nom sur la liste des personnes susceptibles d'obtenir le titre de gentilhomme honoraire de la Chambre. Je mettrai, avec soin, votre demande sous les yeux du Roi, à la première occasion favorable, et vous pouvez être assuré que je ne négligerai pas de faire valoir, auprès de Sa Majesté, les titres que vous invoquez à l'appui.—Recevez, Monsieur le baron, l'assurance de ma considération distinguée. Le ministre d'État, pair de France, intendant général de la maison du Roi, comte DE LA BOUYLLERIE. »

De son mariage avec *Charlotte-Josèphe Ardres de Courteville d'Hodicq,* née le 7 mars 1779 au château d'Arry, en Ponthieu, fille de *Jacques-Antoine-Alexandre Ardres de Courteville,* comte *d'Hodicq* (1), officier général, ancien colonel-commandant des grenadiers de France, député de la noblesse de sa province aux états généraux, et de *Marie-Charlotte de Chambge,* fille de messire Pierre-François, chevalier, baron d'Elbhecq; vinrent : 1° *Edmond Seymour,* élève de l'École militaire de Saint-Cyr, garde-du-corps dans la compagnie de Noailles, né le 25 avril 1806 (2); 2° *Arthur Edouard-Georges-Adelbert,* né le 20 octobre 1808, tué en duel à Paris, en 1827.

Quant aux armes de cette Maison, on remarque qu'elle portait, en 1099, *écartelé d'or et de sable,* et qu'Eustache, châtelain de Lens, seigneur de Rebecque, avait pour sceau, en 1147, une *aigle éployée de sable en champ d'argent.* L'écu de la branche aînée des Constant réunit ces deux armoiries: *coupé en*

(1) Descendant directe des comtes d'Ardres. Comté qui entra dans la Maison de Guines, par le mariage de Christine, héritière de l'Ardrésis, avec Baudouin II de Guines. (*Histoire des Maisons d'Ardres, de Gand et de Guines,* par André Duchesne, p. 129.)

(2) Aujourd'hui sous-intendant militaire.

chef d'une aigle éployée de sable, couronnée d'or, en champ d'argent, et *en pointe écartelé d'or et de sable,* qui depuis a été changé en *un sautoir d'or au champ de sable.* La branche dont on donne la notice ici, porte : *coupé en chef d'argent, à l'aigle éployée de sable couronnée d'or, et en pointe d'or, à deux lions couronnés, d'azur, tenant une épée d'argent haut en pal* (1). Cimier : quoique la branche aînée de cette Maison porte, pour cimier, une couronne de marquis ou de comte, celle-ci a conservé de temps immémorial pour cimier, *un lion couronné, d'azur, tenant une épée d'argent et sortant d'une couronne de baron entre un vol de sable.* Supports : *à dextre une sirène, à senestre une licorne, colletée et enchaînée, au naturel.* Devises : la première, *in arduis Constans;* la deuxième, *Constant qui ne change.*

Augustin Constant de Rebecque, deuxième du nom, chef de la branche aînée de sa maison, habitué en Suisse et en Hollande, dont était Benjamin Constant, le célèbre publiciste, après la destruction de la ville de Thérouanne et du château de Clarcque, fut séparé de ses frères et envoyé en France, n'étant encore qu'en bas-âge, sous la protection d'un de ses parents de la Maison de Béthune, et élevé à Saumur, dans la religion P. R. Il entra au service de la reine de Navarre et du prince de Béarn, les suivit à Paris vers l'an 1579, où il se maria à Elizabeth de Pellissari, d'une ancienne noblesse de la Valteline. Ayant fait un voyage à Genève avec son épouse, il y obtint, pendant le séjour qu'il y fit, le droit de citoyen. Cette circonstance le sauva des massacres de la Saint-Barthélémi. Bientôt il s'attacha exclusivement à la fortune du roi de Navarre, Henri IV. Ce fut alors que, pour jouir des prérogatives de sa naissance, étant attaché à ce prince, en qualité de gentilhomme, il se fit expédier de l'Artois les actes de son origine, et qui sont ainsi conçus :

« Nous mayeurs et échevins de la ville d'Aire, en Artois, déclarons et certifions par le présent acte, scellé et signé aux causes du dit Aire, ce dernier mai 1575, que noble Augustin Constant de Rebecque, fils d'Antoine, est originaire de cette ville, issu d'une noble et ancienne famille dite *de Rebecque:* pour ce qu'elle a possédé un long temps la noble terre et seigneurie de Rebecque, de laquelle elle a été dépossédée, et icelle terre adjointe à la prévôté d'Aire, comme elle en est à présent dépendante (avec le sceau). »

Au même jour comparurent devant les mayeurs de la ville d'Aire, vénérable personne père Adrien Frinquant, âgé de 73 ans, prieur de l'abbaye de Saint-Augustin, proche Rebecque;—noble homme François Gillard, âgé de 80 ans, bailli de Rebecque;—noble homme Batmer, seigneur de Gouin, âgé

---

(1) Sur d'anciens cachets de cette Maison, on voit, au lieu d'une épée, les lions tenir une lance *de poussis.*

de 68 ans;—Nicolas Bréhon, âgé de 72 ans, prévôt. Lesquels chacun d'eux concordablement, après serment solennel par eux fait dans les mains des mayeurs et échevins de la ville d'Aire, ont dit, juré et attesté qu'ils ont bonne connaissance de noble homme Antoine Constant de Rebecque, à présent défunt, lequel a terminé vie par mort de guerre, il y a environ 30 ans: et savent que le dit noble homme, durant sa conjonction de mariage avec dame Jeanne Broyard, sa vertueuse femme, entre autres enfants aurait délaissé Augustin Constant, lequel bien jeune, fut envoyé au pays de France, où les dits attestants entendent qu'il est allié par mariage, ne sachant le lieu de sa résidence.

« Les mayeurs et échevins de la dite ville d'Aire certifient de plus, par le même acte, conjointement avec les témoins ci-dessus nommés et assermentés, que depuis que la famille Constant de Rebecque avait été dépossédée de la seigneurie de Rebecque, un chevalier de la Toison d'or, de la dite famille, obtint de Charles, duc de Bourgogne, l'an 1472, d'en porter les armes et le nom, et dont pour cejourd'hui, savoir l'an 1578, elle jouit, ayant par cette grâce rang des premiers parmi les nobles, comme il leur est suffisamment apparu.

« Certifient de plus, les dits mayeurs et échevins, et les témoins susnommés et assermentés, que noble homme Antoine Constant de Rebecque, père d'Augustin Constant, a été un long temps gentilhomme à la cour de l'empereur Charles-Quint, et lors de son trépas, capitaine des archers de ses ordonnances: réputé de tous fort vaillant homme de guerre.

« Déclarent de plus, que les présents certificats leur ont été requis de la part d'Augustin Constant, par messire Réné Constant de Rebecque, seigneur de Prouville, chevalier de Saint-Jean-de-Jérusalem (1), son parent, en faveur des lettres missives et à ces fins par lui écrites; lesquels certificats, les mayeurs et échevins de la ville d'Aire lui accordent, pour s'en servir ce que de raison. »

Par un autre acte, daté du 27 juin 1578, signé de Roedres et Lerymos, notaires, et au repli de la lettre, Maroult, avec sceau pendant en cire verte:

« Jean Margueret, bourgeois de la ville d'Arras, garde du scel ducal, établi au dit Arras par le Roi notre sire, pour sceller, corroborer et confirmer lettres, actes et contrats qui sont faits, passés, reçus en la dite ville, pays et comté d'Artois, à tous ceux qui ces présentes lettres verront, salut; sachent tous que par-devant nous, les notaires du Roi, comparurent en leurs personnes: messire Réné Constant de Rebecque, seigneur de Prouville, che-

____

(1) Chevalier de Rhodes. (Moreri, supp. tome 2, p. 368.)

valier de Saint-Jean-de-Jérusalem, et noble homme Jean Broyard, seigneur d'Anezin, lesquels nous ont présenté les lettres d'origine données en faveur du dit noble Augustin Constant, pour s'en servir en ce que de raison, ayant de ce entière connaissance, et comme aussi en considération des nobles requérants. »

Augustin Constant reçut les dits actes avec deux grandes coupes antiques, au fond desquelles sont peintes en émail les armes de sa famille, telles qu'elle les porte aujourd'hui.

Après la mort de Henri IV, il quitta la France pour la Suisse. Le fragment d'une lettre qu'il écrivit après ce régicide, datée de Marans, dont il était gouverneur pour le roi, donnera une idée de la douleur que lui fit éprouver cet évènement. « ...Je suis affligé par de là tout ce que je m'étais jamais imaginé le pouvoir être. Voici la trente-cinquième année que j'avais l'honneur de manger son pain, avec plus d'honneurs, de faveurs et de bénéfices que je le méritais. Il faudrait être tigre pour ne l'aimer pas, ou rocher pour n'en pas ressentir la perte... (1) » Il alla finir ses jours à Genève, où il fut la souche d'une lignée illustrée par des savants, des diplomates et des publicistes distingués; par cinq généraux (2), par des gouverneurs de provinces et de villes, et par plusieurs autres officiers supérieurs de mérite, tant de terre que de mer, au service de la Suisse, de la France, de la Prusse et de la Hollande.

Voici une pièce concernant les obits et la pierre sépulcrale d'*Ott Constant de Rebecque* et d'*Isabelle de Croy*, qui a disparu de devant l'autel de l'église de Rebecque, par suite d'un repavement de cet édifice, fait il y a quarante ans, par M. Wigneron, curé de cette paroisse :

« Par devant les notaires royaux d'Artois à la résidence de la ville d'Aire, soussignés, furent présents, messire Milon Le Comte, curé du village et paroisse de Rebecque y demeurant; Adrien-François Boulin, clerc depuis trente-cinq ans de la dite paroisse, et Michel-Antoine Delevare, paroissien du dit Rebecque, y demeurant, lesquels sur la réquisition de M. le baron

____

(1) Lettre à M. Duplessis-Mornay. (*Mémoires et Lettres* de ce dernier, vol. 1, p. 236.)

(2) Ces cinq généraux sont : 1° le lieutenant-général *Samuel Constant de Rebecque d'Hermanches*, gouverneur de Boisleduc, mort en 1676; 2° *David-Louis baron de Constant Rebecque d'Hermanches*, colonel du régiment d'Aulbonne, maréchal-de-camp, ami de Voltaire. (Correspondance générale de Voltaire — *Annuaire militaire* pour l'année 1775.) 3° le général-major *Juste Constant de Rebecque*, père de Benjamin Constant le célèbre publiciste; 4° le lieutenant-général *Guillaume-Anne baron Constant de Rebecque de Villars*, gouverneur de Bruxelles, décédé en 1836; et 5° le lieutenant-général *Jean-Victor baron Constant de Rebecque*, mort en 1850, dont il est encore parlé ci-après. (Voir leurs états de services aux ministères de la guerre de Paris et de La Haye.)

de Constant de Rebecque, brigadier des armées du Roi, lieutenant-colonel du régiment d'Aulbonne (Suisse), de garnison en la dite ville d'Aire; ont certifié et pour vérité attesté en mains des dits notaires, qu'il se dit annuellement, depuis un tems immémorial, en l'église du dit Rebecque, dans les mois de février, mai, juin et octobre, quatre obits fondés en icelle église, par Jeanne de Broyard, Bonne de Broyard, Nicolas Broyard et Catherine Constant; selon qui est apparu aux dits notaires par les registres aux obituaires de la paroisse du dit Rebecque, et comptes rendus dans les seizième et dix-septième siècles, par les receveurs de biens de la même paroisse; le tout représenté par le sieur Curé, et à lui rendu.—Lesquels ont encore dit et certifié, qu'il ne se trouve plus parmi les archives de l'église aucun titre des fondations dont on vient de parler, l'attribuant aux guerres et aux incendies arrivés dans le quinzième siècle, à l'abbaye de Saint-Augustin, où les archives de la dite paroisse étaient reposantes. Mais qu'il se trouve encore à l'église du dit Rebecque, en face du sanctuaire, une pierre sépulcrale bleue, sur laquelle sont empreintes les figures d'un homme et d'une femme; sur chacun d'eux se trouvent les places des empreintes de leurs armoiries, usées par l'ancienneté; et sur la dite pierre, du côté de l'évangile, se trouvent plusieurs lettres gothiques usées pour la plus grande partie, et le surplus illisibles, ainsi qu'il est apparu et reconnu par les dits notaires. Ayant les comparants observé qu'ils ont appris que parmi les lettres gravées sur la pierre sépulcrale, que le nom de Constant y était encore gravé il y a trente ans.—Ainsi fait et certifié et déclaré au village du dit Rebecque, le trente septembre mil sept cent soixante-quinze. Ont signé: F. M. Le Comte, curé de Rebecque, Adrien-François Boulin et Michel-Antoine Delevart, et, comme notaires, Collart et son confrère, avec paraphes. Les notaires royaux d'Artois en la résidence d'Aire, soussignés, ont collationné la copie ci-dessus à son original, représenté par M. le baron de Constant de Rebecque, et à lui rendu au dit Aire, le deux octobre mil sept cent soixante-quinze. Signé Collart, de Wimille.—Mayeurs et échevins de la ville d'Aire, en Artois, où le papier timbré, contrôle et petit scel n'ont lieu, certifions que maîtres Collart et de Wimille, qui ont signé la collation ci-dessus, sont notaires royaux de la dite province de la résidence d'Aire, que les signatures y apposées sont les leurs, auxquelles pleine foi doit être ajoutée, tant en jugement que dehors. En témoin de quoi nous avons à ces présentes, signées du secrétaire-greffier de cette ville, fait mettre le scel d'icelle.—Aujourd'hui, deux octobre mil sept cent soixante-quinze.— Signé, A. Bonnevin, prévôt, avec le sceau de la ville d'Aire. »

Le passage suivant d'une lettre de M. l'abbé Wigneron, adressée à M. le baron Seymour de Constant, datée du 24 août 1841, vient à l'appui de cette attestation: « La pierre dont vous me parlez, était effectivement vis à-vis du maître-autel, en bas du chœur. Comme elle était brisée depuis longtemps, j'ai dû la poser ailleurs, dans un endroit moins fréquenté, parce que le coin brisé était un peu en mauvais état. Sous cette grande pierre sépulcrale (dont il envoie le dessin) se trouvait le caveau des anciens seigneurs de Rebecque, 7 pieds environ de longueur, même profondeur, le caveau maçonné, avec une séparation dans le milieu; cette grosse pierre posait sur la maçonnerie, qui pourrait encore servir dans la suite, si on permettait de nouveau d'enterrer dans les églises. Si la pierre sépulcrale n'eût point été cassée, je l'aurais laissée dans le même endroit, cela devenait impossible. J'ai trouvé dans le fond du caveau deux os de jambes et quelques fragments d'os, le reste était en poussière. Les os sont restés dans le fond du caveau.... »

Il ne sera peut-être pas inutile, pour corroborer l'authenticité de cette généalogie, de reproduire ici quelques fragments de divers discours prononcés à la Chambre des députés, pour ou contre l'admission dans son sein de Benjamin Constant de Rebecque, petit-fils d'Augustin, dont l'esprit de parti contestait l'éligibilité à la députation du quatrième arrondissement électoral de Paris. Il n'est pas douteux, comme on verra, que si l'on eut pu trouver la moindre erreur dans les preuves qu'il dut fournir pour justifier de son origine, MM. Dudon et consorts, qui ne lui ménageaient pas le mauvais vouloir, s'en seraient emparés avec empressement, ne fût-ce que pour lui donner un ridicule. Les recherches les plus minutieuses avaient été faites dans cette intention.

En consultant les journaux des 27, 28 mars 1824, et des 16, 22 et 23 mai de la même année, on pourra se convaincre de l'acharnement qui présidait à ces débats souvent scandaleux.

« *M. Dudon*....... Cet aïeul dont vous voulez descendre, cet Augustin Constant de Rebecque, est sorti de France en 1605 avec sa famille, et l'édit de Nantes n'a été révoqué qu'en 1685. Ainsi, ne présentez pas comme victime de la révocation de cet édit, une famille qui se serait volontairement exilée 80 ans auparavant.

« Ce n'est pas tout encore! Quand bien même votre famille serait sortie de France longtemps après la révocation de l'édit de Nantes, la loi de 1790 ne vous serait pas applicable, car votre aïeul, cet Augustin Constant, si essentiel à votre généalogie, sortit de France parce qu'il fut accusé de crime de lèse-majesté! (Vive sensation dans la Chambre).

« Je dis qu'il fut accusé de lèse-majesté, et je le prouve. M. B. Constant, réclamant l'honneur d'être admis parmi les Français, comme descendant d'Augustin de Rebecque, avait soin de dire, pour complaire aux idées de ce temps : « Augustin Constant de Rebecque fut obligé de se bannir de France pour un projet *dont il faut lui savoir gré*, car il fut impliqué dans une accusation dirigée contre des chefs protestants *qui voulaient établir une république.* » Ainsi, vous faites un mérite à votre aïeul de ce qu'il était animé d'une haine violente contre la monarchie. Je puis citer, à l'appui, les mémoires de Sully, où l'on voit qu'à cette époque il se réunit, en effet, une assez grande quantité de chefs protestants, qui furent obligés de sortir de France pour éviter les poursuites de la justice... »

« *M. B. Constant*... Permettez-moi de vous dire deux phrases d'un historien, sur l'homme dont M. Dudon a ainsi travesti le caractère. *Le roi de Navarre, dans cette journée, déploya les talents d'un grand capitaine et s'exposa dans la mêlée, comme un simple soldat. Il fut sur le point d'être tué par un gent d'armes qui le frappa plusieurs fois avec le tronçon de sa lance. Le capitaine Constant sauva le prince en tuant e gent d'armes...* (Bataille de Coutras). »

« *M. le général Foy*... On nous a dit, sur le premier point, qu'un des aïeux de M. B. Constant, M. Augustin de Rebecque, homme du seizième siècle, ancien compagnon de Henri IV, et qui avait eu le bonheur de lui sauver la vie dans une bataille, a tramé des complots avec d'autres chefs protestants, et que, par suite de ces complots, il s'est établi à Genève. C'est d'abord, un point constant que les rapports de la religion, avec la politique. Dans l'histoire de ce temps, les affaires de l'État et de l'Église sont toujours confondues ; si bien que Sully, que l'on cite souvent avec raison, ne cesse de citer ces deux mots depuis le commencement jusqu'à la fin de ces économies royales... »

« *M. de Martignac*... M. B. Constant appartient à une famille d'Artois, dont l'illustration remonte à plusieurs siècles. Ses aïeux ont servi les ducs de Bourgogne et l'empereur Charles V.. ... » Augustin Constant était né à Aire, en Artois ; très-jeune encore, il avait quitté son pays...

« *M. de Salabery*... M. B. Constant est, à mes yeux, un étranger assurément très-remarquable, d'une haute naissance... »

« *M. de Vandœuvre*... Augustin Constant de Rebecque, sorti de France, en 1665, était originaire d'Aire, en Artois, et il est vrai que la châtellenie d'Aire semblait exceptée de la réunion de cette province à la monarchie... »

« *M. Conen de Saint-Luc*.... Il descend d'un Espagnol, qui n'est venu en France que pour se mêler dans nos troubles et se faire condammer comme brouillon et conspirateur. Voici ce que dit à ce sujet un dictionnaire d'anecdotes :

« *En 1466, Jean Constant, sire de Rebecque et de Clarcque, en Artois, entra sur le territoire de l'évêque de Thérouanne et saccagea ses terres ainsi que celles de l'abbaye de Saint-Augustin d'Aire, sur quoi il fut condamné comme hérétique et félon, et obligé de se réfugier en Angleterre. Le château de Rebecque fut rasé en partie et ses biens confisqués.* »

« *M. le général Foy.* . On a dit qu'il était originaire d'Aire, en Artois, et qu'à l'époque de son expatriation, la ville d'Aire appartenait à la couronne d'Espagne... Mais M. B. Constant est français par toutes les branches de sa famille; il l'est par son père, puisque son père est issu d'une race qui faisait souche en Artois, longtemps avant le quinzième siècle... »

Dans une autre séance de la Chambre des députés, M. Dudon, toujours fidèle à son mandat d'opposition envers M. B. Constant, ne pouvant enfin nier l'évidence des faits, s'exprime à peu près en ces termes: « *Quelle inconcevable inconséquence de l'esprit humain peut entraîner un des plus anciens barons de la monarchie à renier sa caste et à se trouver sans cesse en opposition avec la royauté!* »

Les alliances de cette branche de la Maison de *Constant de Rebecque*, connue en Ponthieu sous le nom de *Seymour de Constant*, ont été les Maisons *de Lens* deux fois, *de Richemont, de Lannoy, de Croy, de la Couture, de Thiennes, de Rely, de Licques, de Béthune, de Sempy, de Broyard, de Résimont, d'Asiste Van Der Stael, de Blouwestein, de Verbyl, de Van Geele Van Spanbrook, de Seymour, et d'Ardres de Courteville d'Hodicq.*

La généalogie dont est tirée cette notice a été rédigée d'après les différents historiens déjà cités; d'après les recherches manuscrites, faites aux bibliothèques royales de Paris et de La Haye; d'après les titres originaux qui se trouvent dans les archives de la branche aînée de cette Maison, habituée en Suisse, et d'après sa généalogie, vérifiée et légalisée, en 1765, sur l'ordre du conseil de Lausanne, par la chancellerie du canton de Vaud et par le ministre de France à Berne.

NOTES.

FRAGMENTS TIRÉS DES MÉMOIRES ET HISTOIRES DU TEMPS, CONCERNANT
CETTE NOTICE GÉNÉALOGIQUE DONT QUELQUES-UNS NE MANQUENT
PAS D'UN CERTAIN INTÉRÊT HISTORIQUE.

Ce fait d'armes d'Augustin de Rebecque dit CONSTANT, qui sauva la vie au roi de
Navarre, à Coutras, est ainsi raconté par le père Daniel, dans son *Histoire de France*,
par d'Aubigné et par les Mémoires du temps : « Le roi de Navarre fit paraître dans
cette journée toute la conduite d'un grand capitaine, et s'exposa dans le plus chaud
de la mêlée comme un simple soldat. Dès le commencement du combat, il fut attaqué
par le baron de Fumel et par Château-Renard, Cornette de Sansac, qui s'attachèrent à
lui. Il fut secouru par Frontenac, qui abattit Fumel d'un coup de sabre qu'il lui donna
sur la tête. Le roi de Navarre saisit au corps Château-Renard, lui criant : *rends-toi,
Philistain*, et dans ce moment il courut un grand danger de la part d'un gendarme de
Sansac, qui, tandis que le prince tenait Château-Renard embrassé, lui donna plusieurs
coups sur le casque du tronçon de sa lance ; mais le capitaine CONSTANT l'en délivra
en tuant le gendarme... » Une action aussi glorieuse, accomplie par un de ses membres,
eût été considérée, en d'autres temps, comme l'illustration de toute une Maison. Cependant,
l'histoire influencée à cette époque par l'esprit de parti, en parle à peine, parce que le
baron Augustin Constant de Rebecque avait le double tort d'être de la religion réformée
et de s'être expatrié après avoir perdu un maître qu'il chérissait.

Voici ce que d'Aubigné dit du même personnage, dans son *Histoire universelle*, liv. IIIe,
p. 899 : « ....Au lieu qu'on envoie communément quelques sergents et arquebusiers pour
faire brèche (siége de Villefranche, en Périgord), à ce métier, furent employés trente
gentilhommes, la plupart domestiques du roi de Navarre. Ceux-là ne passèrent que le
premier fossé en l'eau jusqu'aux genoux, car le dos d'âne d'entre-deux était si glissant,
qu'un homme armé ne le pouvait aisément franchir : aussi ne le fut-il que par quelques-

uns en pourpoint, et encore par exemple ou par jalousie *de Constant*, que le roi de Navarre avait envoyé en poste vers Lavardin, pour lui défendre de donner assaut mal-à-propos; et celui-ci, arrivé trop tard pour les remontrances, vint à propos pour le péril. Or, encore que fort peu vinssent aux mains sur les couëttes et fagots, desquels la brèche était remparée; toutefois (à cause de la grande prairie découverte, qui donnait loisir aux assiégés de charger trois fois avant que d'être aux mains), il demeura cent cinquante morts à la brèche ou auprès. Entre ceux-là, Descamps, De Normandie, Le Camus, premier capitaine du régiment, colonel; et de ceux qui passèrent les deux fossés, Chaumont, Guitre, Le Plessis, Civrai et La Resnière, qui était sorti de page depuis quinze jours. Il y en eut quelque trois cent blessés; entre ceux-là, Vivans, Baslon et Domingue, appelé l'*Huguenot*. CONSTANT qui était demeuré dans la brèche, quand le jeune Chemeraut (bien qu'il l'estimât mort), ému de ce qu'il avait vu, se résolut d'en avoir le corps, et, n'ayant pas pu passer armé le dos d'âne, retourna poser ses armes auprès du canon, et puis (bien que mal assisté), alla que traîner, que porter cet homme, *garni de vingt-deux plaies*, parmi lesquelles il y en avait de coups de poignard. Soi dit en passant que Lavardin lui avait refusé des armes, par je ne sais quelle haine, que le commun porte à ceux qui mêlent le savoir et la valeur ensemble; mais après que lui et les assaillis même eurent été spectateurs de ce que nous avons dit, il lui fit de grandes démonstrations.... »

Lettre de M. Duplessis à M. Constant, du 26 mai 1610 (vol. 1, p. 238).

« ....Ce monstre (l'assassin de Henri IV) ne dit presque rien, mais il est en bonnes mains. On attend ses père, mère, frères et sœurs, qu'on fait venir d'Angoulême, pour lui faire croire qu'on les fera mourir devant lui, l'un après l'autre, s'il ne parle. Et n'a-t-on trouvé moyen de l'émouvoir que par là.... »

Lettre de M. Constant, gouverneur pour Sa Majesté, à Marans, à M. Duplessis, du 24 mai 1610.

« ....Je ne vous dis rien non plus de notre perte commune; vous l'apprécierez et la ressentirez autant que nul autre, et en jugerez les conséquences mieux que nous. Vous ne vîtes jamais personne plus affligé que M. de Parabère. Pour mon compte, je le suis par de là tout ce que je m'étais imaginé le pouvoir être. Voici la trente-cinquième année que j'avais l'honneur de manger son pain avec plus d'honneurs, de faveurs et de bénéfices que je ne méritais. Il faudrait être tigre, pour ne l'aimer pas, ou rocher, pour n'en ressentir la perte. Quelques courriers disent par les postes que le maudit de Dieu, qui a fait le coup, a été trois ans de l'ordre des Feuillans. Mais on ne dit pas encore qu'il ait parlé de ses instigateurs; lesquels Dieu découvrira et ne laissera pas impunis, s'il lui plaît.... »

« ....Avant même l'époque de la mort du duc d'Anjou, le roi de Navarre et Condé étaient tout à fait en froid l'un avec l'autre, et le parti ne tarda pas à en ressentir les graves inconvénients. Duplessis-Mornay, Turenne et AUGUSTIN DE CONSTANT, étaient alors parmi les plus zélés serviteurs du Navarrais. Ils ne se rebutèrent point en lui voyant sacrifier les libertés qui leur étaient chères, à la prérogative royale... Les uns après les autres toutefois encoururent la disgrâce de Henri IV, depuis qu'il eut changé de religion.... »
(*Duplessis-Mornay*, p. 286, par Joachim-Ambert).

« ....Au siége du château de Donfront, par les catholiques (où fut pris le comte de Montgommery, exécuté à Paris), furent blessés, les seigneurs de Lavardin, de Fervaques et DE CONSTANT (*Belleforet*, vol. 2, p. 1691).

« Il y a un titre, intitulé de 1346, qui se trouve dans les archives de N.-D. de Boulogne, ainsi conçu : « A tous chacun Eustache de Gressonsart, en sa terre du Boulonnais, sachant tous et par devant my président M⁰ Henri le Parmentier et Simon Bailleu, francs hommes au dict Thibaut (comte de Boulogne) présent ansement Robert Descaut, Willaume, de Courteville, Robert de Paindavoine et JACQUES CONSTANT, francs hommes de madame et de monsieur de Boulogne... » Il s'agit de la vente d'une rente sur la terre d'Ouvringhen. (Scotté de Valinghen, lieutenant particulier et assesseur en la sénéchaussée du Boulonnais, M.) Le même manuscrit dit que JACQUES CONSTANT était, en 1359, lieutenant de noble homme M. Willaume de Recourt, son parent, alors gouverneur du Boulonnais ; et que SAMSON CONSTANT, gentilhomme de la chambre du roi, fut lieutenant du roi à Boulogne. Ses provisions sont du 15 mars 1622. Il l'était pendant le gouvernement du marquis de Nollay.

« Il existait autrefois près de St-Omer, des seigneurs du nom de CONSTANT DE REBECQUE, que l'on croit avoir été une branche de la Maison de *Recourt*, connue sous le nom de Lens de Licques, qui vient de s'éteindre. Elle s'est expatriée comme religionnaire en Suisse et en Hollande... » (le comte Ardres de Courteville d'Hodicq, M.)

Parmi les gens d'armes, dit Floris van der Haer, dans son *Histoire des Châtelains de Lille*, p. 230, qui accompagnèrent Œudes, duc de Bourgogne, en 1340, au siége de St-Omer, il cite parmi les écuyers de l'Artois à venir, chevaliers à partir, entre autres *Tassart de Rebecque*, arrivé avec quatre écuyers, le 24 mai, et parti chevalier le 20 juin suivant. Adrien de Boves arriva seul, sans suite.

C'est le bâtard de REBECQUE et non de *Rabeque*, comme l'appelle Pierre de Fénin, dans ses *Mémoires*, vol. 1, p. 207, qui combattit Rifflard de Champ-Remy devant le duc de Bourgogne, à Arras, en l'an 1423. Ce qui est confirmé par M. de Barente, dans son *Histoire des Ducs de Bourgogne*, et par plusieurs autres historiens.

Hennebert, dans son *Histoire de l'Artois*, vol. 2, p. 232, parle dans le même sens que l'abbé Lefebvre dans son *Histoire de Calais*, dont il a déjà été parlé, de Hugues de Rebecque. Il fait, de plus, mention de deux autres seigneurs de ce nom qui assistèrent, en 1414, aux États généraux de ce comté.

Parmi les maisons citées par Jean Le Carpentier, dans son *Histoire du Cambrésis*, vol. 1, p. 518, comme bienfaitrices de l'abbaye des Dames nobles de Prémy, au XIII⁰ siècle, figure celle de DE CONSTANT. Cet auteur, vol. 1. p. 207, place les REBECQUE parmi les maisons patriciennes du Cambrésis. Il dit, vol. 1, p. 403, que Hugues d'Ailly, sire de Rumes, épousa CATHERINE DE CONSTANT, dont il eut Pierre d'Ailly, évêque de Cambray, Raoul d'Ailly, archidiacre de Cambray, l'an 1308, et N. d'Ailly, femme de Mathieu de Lannoy. Il dit encore, vol. 1, p. 231, que les Maisons de REBECQUE, de *Blandec* et de *Recourt*, qui ont la même origine, étaient châtelains ou vicomtes de Lens, en Artois, et que la femme du comte de Salazar, de la Maison de Valasio, en Espagne, gouverneur de Cambray au XV⁰ siècle, descendait de cette illustre Maison de Lens-Recourt, célèbre au pays d'Artois dès l'an 1000 (vol. 2, p. 16.)

Entre les seigneurs, dit Gabriel Chapuys, dans son *Histoire des guerres de Flandre*, vol. 2, p. 522, assistant aux funérailles de l'archiduc Albert d'Autriche, gouverneur du Branbant en 1623, se trouve le SEIGNEUR DE REBECQUE.

En 1658, N. DE CONSTANT fut consul de Nisme (M.)

Le vicomte de Conny, dans son excellente *Histoire de la Révolution de 91*, f. 111, p. 226, s'exprime ainsi, sur un autre membre de cette Maison... « Les cours et les postes principaux des Tuileries, dit-il, étaient occupés par 900 Suisses; leur faible artillerie ne consistait qu'en deux canons. Bachemann, Maillardos, Reding, Salis, CONSTANT DE REBECQUE, Pleffer et Durlach, commandaient ces vaillants soldats; jamais leur tenue ne fut plus martiale; les soldats étaient dignes de tels chefs... » Ce capitaine était *Jean-Victor Constant de Rebecque*, né à Genève en 1773, mort en 1850, en Silésie, chez sa fille la comtesse de Pückler, lieutenant-général d'infanterie (1), commandeur de plusieurs ordres. Il fit les guerres d'Espagne sous les ordres du duc de Wellington et du prince d'Orange. Son nom figure avec celui de ses valeureux frères d'armes du 10 août 1792, sous le lion de Thorwaldsen, monument érigé à Lucerne, en Suisse, en honneur de ces héros de la fidélité.

Dans l'*Histoire des réfugiés protestants de France*, par M. Ch. Weiss, il est dit, t. 2, p. 175 : « Une des plus illustres familles, celle d'Augustin Constant de Rebecque, gentilhomme de l'Artois, qui avait sauvé la vie à Henri de Navarre, à la journée de Coutras, se retira à Lausanne. »

(1) Le plus haut grade militaire auquel on puisse atteindre, en Hollande, est celui de lieutenant-général d'infanterie ; celui de Maréchal y étant inusité.

* 9 7 8 2 0 1 3 1 8 8 9 0 6 *